AF388817

**Félix RIBEYRE.**

# L'INDUSTRIE

DANS

## LE DÉPARTEMENT DE L'AISNE

ET EN PARTICULIER

### DANS LE RAYON DE SAINT-QUENTIN.

**PREMIÈRE NOTICE.**

## LA FILATURE DE ROUPY.

(1803-1860)

PARIS.

E. DENTU,
Libraire-Éditeur, galerie d'Orléans, 13,
au Palais-Royal.

GUILLAUMIN ET Cⁱᵉ,
Éditeur de la collection des principaux
économistes et publicistes contem-
porains, rue Richelieu, 14.

1860.

# INDUSTRIE DES COTONS.

## FILATURE DE ROUPY

### FONDÉE EN 1803 PAR M. JACQUES ARPIN.

Après avoir jeté un coup-d'œil rapide sur les
Annales de l'Industrie dans le département de
l'Aisne, nous avons hâte de mettre en lumière
la part qui revient à chaque établissement dans
le mouvement manufacturier du district. Ainsi
étudiée dans nos fabriques et dans nos usines,
l'histoire industrielle de notre pays apparaîtra
dans tout son intérêt et dans sa glorieuse impar-
tialité. Ceci dit, nous commençons par la filature
et le tissage du coton notre rôle, non point d'é-
conomiste avide de discussions, mais de simple
narrateur, racontant au courant de la plume les
gloires industrielles d'une contrée qui ne fut
étrangère à aucun genre d'illustrations.

## I.

Le touriste qui désire visiter la plus ancienne filature du département, doit se résoudre à adopter l'ancien système de locomotion, la diligence aux stations plus multipliées que celles d'un train omnibus. On sort de Saint-Quentin par le faubourg Saint-Martin, et l'on prend l'ancienne route de Paris à travers la ville de Ham, cette cité devenue célèbre par une illustre captivité. A peine a-t-on franchi les dernières maisons de la grande ville manufacturière que déjà les hautes cheminées de briques se montrent de nouveau aux regards du voyageur comme pour lui rappeler qu'il parcourt un rayon essentiellement producteur. C'est d'abord le magnifique établissement de Rocourt sur lequel nous publierons plus loin une notice en rapport avec l'importance de cette fabrique de premier ordre. A quelques pas de là un intelligent industriel s'occupe de la préparation du noir animal utilisé par les nombreux fabricants de sucre indigène. La route cotoie un instant le canal de Saint-Quentin et n'offre de particulier que des côtes fréquentes et des descentes rapides auxquelles viennent se joindre les cahots d'un pavé inégal. Nous atteignons sans encombre l'*Épine de Dallon*, groupe de maisons ainsi nommée d'une magnifique épine qui faisait jadis l'admiration des voyageurs et que la vieillesse, qui ne respecte rien, a dépouillée de ses plus belles branches. Encore quelques tours de roue et quelques coups de fouet administrés aux coursiers de la diligence et nous arrivons au but de notre excursion industrielle, au village de Roupy qui s'étend le long de la route jusqu'à la fabrique, placée en tête des habitations comme une sentinelle avancée du travail et du progrès.


## II.


En entrant dans la propriété, on se trouve en présence d'un vaste corps de bâtiment qui n'embrasse pas moins de cent mètres de long sur une largeur de vingt-cinq mètres. C'est la fabrique élevée de quatre étages et percée de nombreuses fenêtres. Le pavillon d'habitation fait face à la route. Autour s'étend un vaste terrain formant, avec le potager, les communs et le bois, un ensemble de cinq hectares, parfaitement approprié à sa destination manufacturière.

C'était jadis une maison de plaisance appartenant à une famille de Saint-Quentin. Il n'existait alors que le pavillon du centre dont nous avons parlé. M. Jacques Arpin, originaire d'une contrée qui fut toujours française par le cœur et le caractère, la Savoie qu'un traité récent vient d'annexer à la France; M. Jacques Arpin, disons-nous, homme d'initiative et d'intelligence, acheta cette propriété pour y établir une filature de coton. C'était là une entreprise hardie, une véritable révolution pour cette époque (1803) où le commerce du département de l'Aisne consistait uniquement en linons et batistes. L'industrie cotonnière qui n'avait point encore pénétré dans le département de l'Aisne, avait été introduite en France par M. Bauwens, qui vint en 1798 s'établir à Gand, alors province française, où il monta une filature et un tissage de coton. Il n'est pas sans intérêt de rappeler ici que ce défi, porté par M. Bauwens au monopole de l'Angleterre, lui valut l'honneur ou l'affront, comme on voudra, d'être pendu en effigie sur les bords de la Tamise.

M. Arpin fit pour le département de l'Aisne ce
que M. Bauwens avait fait pour la France, et
son exemple trouva dans notre district de si nombreux imitateurs, et dans le génie industriel de
l'ouvrier picard de tels éléments de succès que
le rayon manufacturier, auquel appartenait la
fabrique de Roupy, devait plus tard passer pour
le *Manchester* de la France. A l'époque, éloignée
de nous, où M. Arpin jeta les fondements de sa
Maison, il rendit à la contrée, principalement au
village de Roupy et aux communes environnantes,
un service signalé. Les ouvriers ne gagnaient
que de médiocres salaires, nullement comparables
à ceux qu'ils obtiennent depuis l'introduction de
la culture industrielle. Cette culture a pris dans
cette partie du département un développement
considérable. Aussi, depuis quelques années, la
main-d'œuvre a augmenté de trente pour cent.
Comme conséquence, les ouvriers n'ont pas tardé
à faire défaut et les chefs d'établissements ont
dû recourir à un outillage plus perfectionné. Il
faut donc reconnaître que l'usage des machines,
contre lequel se sont élevées parfois d'injustes pré-
ventions, a été un bienfait pour le pays, puisque

leur concours a permis de continuer le travail manufacturier, malgré l'introduction des cultures industrielles qui ont pris chaque jour une plus grande extension.

Mais, sous le premier empire, dans l'enfance, pourrions-nous dire de l'industrie cotonnière, les merveilleuses transformations du coton de laine en filés s'opérait par la main de l'homme, et l'établissement de **M.** Arpin qui, dès son origine, possédait environ douze mille broches, occupait jusqu'à quatre cents ouvriers. Il est vrai que de nos jours on obtient avec soixante ouvriers un résultat au moins équivalent. Autre temps, autre mode de fabrication. Ces ouvriers appartenaient non-seulement au bourg de Roupy, mais encore aux villages voisins : Étreillers, Savy, Happencourt, Fontaine, Seraucourt, etc. La filature régnait seule dans une vaste circonférence qui depuis cette époque s'est peuplée de fabriques de sucre et d'établissements industriels.

### III.

Nous avons dit que M. Jacques Arpin était un homme d'initiative et d'intelligence. L'activité qu'il déploya dans la création de la fabrique de Roupy, et les progrès rapides de cette filature le prouvent suffisamment. Trois années après sa fondation, à la première Exposition de l'Industrie en 1806, les produits de cet établissement méritaient à son auteur une médaille d'or. Du reste, nous ne pouvons mieux faire que de reproduire ici les témoignages de satisfaction qui se manifestèrent lorsque M. Jacques Arpin obtint la décoration de la Légion-d'Honneur. Nous empruntons les réflexions suivantes au *Journal de Saint-Quentin,* qui, lui aussi, possède un glorieux passé : « Le département de l'Aisne ne doit pas » oublier que M. Arpin a introduit, le premier, » à Saint-Quentin, les divers genres de manufac- » tures de coton et a remplacé l'ancienne fabrique » de batistes et linons, qui était dans une déca- » dence complète, par un genre d'industrie qui » fait aujourd'hui la richesse et la prospérité du » pays. Dès 1803, M. Arpin fit construire et mon-

» ter avec la plus grande célérité sa belle filature
» de Roupy. Mue d'abord par un manége, il y
» substitua bientôt une pompe à feu, construite
» à Paris, et qui fut la première employée, en
» France, aux filatures. Il établit de nombreux
» tissages, tant dans son usine que dans les di-
» verses communes. La beauté de ses tissus qu'il
» varia à l'infini lui mérita une médaille d'or à
» l'Exposition de 1806. » « Nous ne rappellerons
pas, disait en terminant l'auteur de l'article que
nous citons, tout le bien qu'a fait M. Arpin, depuis longues années; nous laissons à nos conci-
toyens le soin de signaler les droits qu'il a acquis
à leur reconnaissance. » Un pareil éloge, corro-
boré par l'éloquence des faits, n'a pas besoin de
commentaires; mais nous avions à cœur de le
consigner dans ce recueil des gloires industrielles
de la Picardie.

On ne peut compulser les souvenirs historiques
qui se rattachent à la fabrique de Roupy, sans
rappeler le voyage que l'empereur Napoléon 1er
fit en Picardie, au mois d'avril 1810. On sait que
l'Empereur était parti de Paris avec une cour
nombreuse et se proposait de visiter Anvers,

Flessingue, la Zélande, le Brabant, provinces nouvellement cédées à l'empire, puis de revenir en Picardie, et de rentrer par la Normandie dans sa capitale. Sa Majesté, partie de Compiègne le 27 avril, fut reçue par les autorités du département de l'Aisne à Roupy, point limitrophe, où un arc de triomphe splendide avait été élevé, en face même de la filature de M. Arpin. Là, M. le baron Malouet, préfet de l'Aisne, complimenta le chef de l'État qui, suivant la pensée de M. Thiers, l'historien national, « venait de compléter sa prodigieuse destinée par son mariage avec une archiduchesse. » Les gravures du temps nous ont conservé l'aspect de la réception enthousiaste faite à l'Empereur. On admire la somptuosité du cortége, et les nombreuses voitures de gala destinées aux grands personnages de la cour, entre lesquels on remarquait l'impératrice Marie-Louise, le roi et la reine de Westphalie, la reine de Naples, le prince Eugène, le grand-duc de Wurzbourg, ambassadeur d'Autriche, M. de Metternich, premier ministre de cette cour et la plupart des ministres français. Dans son discours, M. le préfet ne manqua pas de remer-

cier l'Empereur de sa sollicitude pour les progrès
de l'industrie et à l'appui de ses paroles, il mon-
trait à Napoléon I<sup>er</sup> le bel établissement manufacturier, fondé depuis sept ans par M. Arpin et
alors en pleine prospérité. De Roupy, l'Empereur
se rendit à Saint-Quentin au milieu des trans-
ports vifs et unanimes des populations accourues
sur le passage du souverain, et qui, comme le
dit encore M. Thiers, applaudissait en lui, non-
seulement le grand homme, mais le bienfaiteur.
Saint-Quentin, en particulier, lui devait, outre
le rétablissement de l'industrie des linons, les
beaux travaux du canal repris et achevés depuis
le Consulat, sous l'habile direction d'un ingé-
nieur du plus grand mérite, M. Gayant.

Revenons à l'établissement déjà signalé à l'attention du pays par l'Exposition de 1806, et que
le voyage de l'Empereur venait encore de mettre
en relief. Nous avons dit que ce fut la première
filature dans laquelle on avait établi une machine
à vapeur de douze chevaux (*). Mais on ne sup-
posait pas alors que ce moteur pouvait être utilisé

(*) Cette machine sortait des ateliers de M. Charles Albert, fondeur de
Paris.

pour d'autres appareils que les métiers prépara-
toires. Depuis cette époque, de nouvelles et puis-
santes machines se sont succédées, et, aujourd'hui,
on peut dire que l'établissement de Roupy se
trouve dans d'excellentes conditions de succès.
Des salles vastes et parfaitement aérées, des machines modernes, d'après les meilleurs systèmes
anglais, ou plutôt presque toutes fabriquées en
Angleterre, et aussi des traditions de science
industrielle et d'intelligente administration, cons-
tamment suivies dans l'établissement qui est toujours resté dans la même famille, ne sont-elles
pas les meilleurs éléments de réussite ?

On comprend que depuis cinquante-sept ans
des modifications nombreuses ont été introduites
à Roupy, aussi bien dans le mode de travail que
dans la nature des produits. Ainsi, on n'ignore
pas que le tissage a précédé la filature dans les
établissements industriels. Ce tissage s'effectuait
dans les caves, le sous-sol, comme on dirait de
nos jours. Longtemps, les fabricants tirèrent leurs
filés d'Angleterre. Mais, lorsque la prohibition
s'étendit sur les produits d'Outre-Manche, on dut
avoir recours aux filatures indigènes. Aujourd'hui

l'établissement de Roupy est consacré tout entier à la filature. On fait des nᵒˢ moyens de 50 à 100, propres à la fabrication des articles de Saint-Quentin et des retors. Depuis l'époque funeste de 1848, on n'a eu à déplorer ni chômage, ni même un temps d'arrêt. Actuellement une centaine d'ouvriers, fileurs, femmes et jeunes enfants, sont occupés dans l'établissement et prennent part, suivant leur âge, à ce travail si intéressant de la filature, exécutée presque complètement et avec une merveilleuse précision par d'ingénieuses machines. Ces agents mécaniques, presque tous de fabrication anglaise, éplucheurs, batteurs-ouvreurs-étaleurs de Dabson et Barlow, machines à aiguiser, cardes doubles, bancs-à-broches, métiers renvideurs ou *selfactings* de mille broches, sortant des ateliers du grand fabricant Platt et Cⁱᵉ, de Manchester, sont mis en mouvement à l'aide d'une excellente transmission, dans des salles spacieuses qui n'ont pas moins de soixante-quinze mètres de long et donnent place chacune à trois paires de métiers. Pour ne rien oublier, nous dirons que la main-d'œuvre qui, au commencement du siècle, se payait à raison de 1 franc pour les hommes et 60 ou 75 centimes pour les femmes, est fixée actuellement à Roupy depuis 2 fr. 50 jusqu'à 3 fr. pour les hommes, depuis 1 fr. jusqu'à 1 fr. 40 pour les femmes et de 50 jusqu'à 90 centimes pour les fillettes et les petits garçons.

Dans l'Aperçu général qui précède les notices industrielles, nous avons rappelé l'Exposition de l'Industrie française qui eut lieu à Paris, le 25 août 1819. L'Exposition précédente de 1806 avait fait connaître avantageusement les produits de notre district et la première médaille d'honneur avait été décernée à M. Jacques Arpin, auquel on était redevable d'une industrie nouvelle. Mais, ainsi que le constatent les journaux de l'époque, l'industrie cotonnière avait fait, en 1819, de remarquables progrès, et dans la liste des principaux lauréats, nous voyons encore figurer le nom de M. Frédéric Arpin. La même année, l'honorable industriel représentait le rayon de Saint-Quentin dans une députation des représentants du travail national chargés d'appeler l'attention du gouvernement sur la fraude qui menaçait son existence. L'audience accordée par le roi offre un vif intérêt pour l'histoire, et peut-être on

nous saura gré de tirer de l'oubli ces documents
trop peu connus.

« Sire, dirent les délégués, dans le moment
où le monde entier souffre dans son commerce,
les marchandises anglaises se vendent sur le continent à des prix infiniment plus bas que dans les
fabriques. Cette circonstance qui tient à une crise
pénible rend encore plus pressant le besoin de
protection que les manufactures réclament de
Votre Majesté. »

Louis XVIII répondit :

« Je sais que les marchandises anglaises sont
» souvent plus chères en Angleterre que sur le
» continent. Je connais depuis longtemps la po-
» litique de son commerce, et le traité de 1786
» l'a malheureusement fait connaître à la France
» entière. Vous êtes jeunes, Messieurs, et ce
» temps n'est pas présent à votre mémoire; mais
» je suis vieux, et je m'en souviens. Les Anglais
» ont alors inondé la France de leurs marchan-
» dises, qu'ils ont données à de vils prix, sachant
» bien que par la destruction de notre industrie,
» ils retrouveraient un jour, avec usure, la com-
» pensation de ce sacrifice. »

Heureusement, si nos rivaux d'Outre-Manche conservèrent l'avance de soixante ans qu'ils avaient sur les fabricants français, ils ne purent ravir à notre pays son génie manufacturier qui apparut au grand jour à l'Exposition universelle de 1855; dans cette grande exhibition du travail et des produits de l'univers entier, la filature de Roupy ne faillit point à sa vieille réputation et obtint une médaille de 1ʳᵉ classe. « MM. Arpin et fils, dit le rapport du jury de la 19ᵉ classe, possèdent une filature fondée en 1803, la plus ancienne du département de l'Aisne. Ils ont cons-tamment appliqué à leur établissement les ma-chines les plus perfectionnées, entr'autres les métiers renvideurs. Les filés exposés par eux at-teignent en chaîne le n° 70, en trame le n° 110; ils sont de fort bonne qualité. »

La fabrique de Roupy, objet de cette flatteuse mention, était alors dirigée par M. Émile Arpin. M. Jacques Arpin, le fondateur, en avait conservé l'administration jusqu'en 1832. Au mois de mars 1859, l'établissement a été acquis par Mᵐᵉ Dollé-Arpin.

Tel est l'historique de la filature de Roupy,

qui, par son ancienneté et par son intelligente et progressive direction, occupe une place glorieuse dans les Annales de la Picardie. Ajoutons un seul mot, et disons qu'on exerce à Roupy l'hospitalité à l'Écossaise et l'urbanité à la Française. Nous nous en avons fait nous-même la douce expérience.

Félix RIBEYRE.

(Extrait de *l'Industrie dans le département de l'Aisne et en particulier dans le rayon de Saint-Quentin.* — Un vol. grand in-8° en cours de publication. — Saint-Quentin 1860.)

TYP. J. MOUREAU.

# PROSPECTUS.

« *Il faudrait tout un livre pour exposer les transformations*
» *de l'industrie dans le département de l'Aisne et les travaux*
» *si divers de tant d'hommes intelligents et infatigables dont*
» *les noms rempliraient des pages entières.* » Cette lacune si-
gnalée par le savant auteur de l'*Histoire de France*, par M. Henri
Martin, nous avons eu à cœur de la combler en recueillant les
vieux et les nouveaux parchemins de la noblesse industrielle de
la Picardie. Un travail de cette nature ne saurait se passer du
concours de toutes les personnes intéressées à son succès, et, sans
aucun doute, leur précieuse adhésion et leur coopération directe
à l'œuvre nous sont acquises d'avance. Dans cet espoir, nous croyons
devoir faire connaître le plan qui sera suivi dans la publication de
l'ouvrage.

## AVIS AUX SOUSCRIPTEURS.

Une étude de huit pages, au moins, sera consacrée à l'historique de chacun
des grands Établissements manufacturiers du département de l'Aisne, moyen-
nant la souscription d'un exemplaire par chaque page consacrée à la notice.
Le prix du volume complet, grand in-8°, est fixé à 6 fr. Chaque historique
sera tiré à part, au gré des souscripteurs.

## DIVISION DE L'OUVRAGE.

*L'Industrie dans le département de l'Aisne qui s'ouvre par
un Aperçu général sur le commerce de la Picardie embrassera
les Filatures du coton et de la laine, les Tissages du coton, de
la laine et de la soie, les Établissements de broderies, de den-
telles et de tulles, les Blanchisseries, le Découpage mécanique,
l'Imprimerie, les Ateliers de construction, les Manufactures
de produits chimiques, les Glaces, les Verreries, les Usines de
fer, les Fabriques de tôle, les Briqueteries, les Tuileries et
enfin l'importante industrie du Sucre indigène.*

Prière d'adresser les adhésions et renseignements à l'auteur,
4, rue des Bouchers, à Saint-Quentin (Aisne).

St.-Quentin. Typ. J. MOUREAU.

www.ingramcontent.com/pod-product-compliance
Lightning Source LLC
LaVergne TN
LVHW021906180726
843502LV00008B/2918